A1

AF621793

Macaron 2

MÉTHODE DE FRANÇAIS

Cahier d'activités

I. Rubio Pérez, E. Ruiz Félix
A. Cabrera, A. Payet, M. Viera

CLE INTERNATIONAL

Sommaire

UNITÉ 4 Tu vas où ?

UNITÉ 5 La fête à la maison

UNITÉ 6 Mes voyages

LEÇON 1

1 Trouve le bon mois.

ⓐ C'est le mois numéro huit : ....

ⓑ Pendant ce mois, on fête Noël : ....

ⓒ C'est le dernier mois de l'année scolaire : ....

ⓓ Ce mois est le plus court de l'année : ....

ⓔ C'est le mois de ton anniversaire : ....

2 Mets les lettres dans l'ordre et trouve les jours de la semaine.

ⓐ RDAMI → ....

ⓑ NEDIRDVE → ....

ⓒ ULIDN → ....

ⓓ IUDEJ → ....

ⓔ MIASED → ....

3 Associe les mois de l'année et les dates.

ⓐ Février •	• ① Il fait très chaud.
ⓑ Août •	• ② Il y a des fleurs.
ⓒ Novembre •	• ③ Il commence à faire froid.
ⓓ Janvier •	• ④ C'est le premier mois de l'année.
ⓔ Mai •	• ⑤ il y a le carnaval.

4 Écris le nom des saisons.

ⓐ ....

ⓑ ....

ⓒ ....

ⓓ ....

5 Regarde l'image, réponds aux questions et trouve l'intrus.

	Vrai	Faux
ⓐ Dans sa trousse, Louis a un taille-crayon.	❒	❒
ⓑ Il a un stylo rouge et un stylo bleu.	❒	❒
ⓒ Il a deux gommes.	❒	❒
ⓓ Sa trousse est verte.	❒	❒
ⓔ Il y a des ciseaux.	❒	❒

L'intrus est ....

6 Qu'est-ce que c'est ? Écris le nom des vêtements sous les dessins.

ⓐ ....

ⓑ ....

ⓒ ....

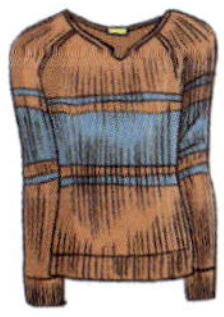

ⓓ ....

ⓔ ....

ⓕ ....

ⓖ ....

7 Observe l'image. Décris Gaspard et ses habits.

....

....

....

....

8 Écris le résultat de chaque opération.

ⓐ trente-quatre + vingt-cinq = ...

ⓑ sept × neuf = ...

ⓒ soixante-dix-huit – vingt-trois = ...

LEÇON 2

1 Où sont les objets suivants ? Réponds comme dans l'exemple.

- le tableau → *Le tableau est sur le mur.*

ⓐ Le vêtement

→ ....

ⓑ La lampe jaune

→ ....

ⓒ Les livres

→ ....

ⓓ La chaise

→ ....

ⓔ Le bureau

→ ....

2 Qu'est-ce que c'est ? Écris le nom des aliments sous les dessins.

ⓐ ....

ⓑ ....

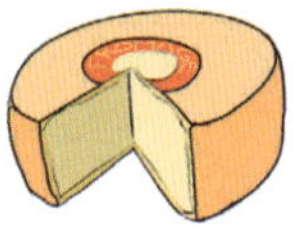

ⓒ ....

ⓓ ....

ⓔ ....

ⓕ ....

ⓖ ....

3 Associe.

ⓐ Salade •	
ⓑ Glace •	• ① Entrée
ⓒ Soupe •	
ⓓ Poulet et frites •	• ② Plat principal
ⓔ Yaourt •	
ⓕ Carottes râpées •	• ③ Dessert
ⓖ Poisson •	
ⓗ Fruits •	

4 Complète avec les verbes *être* ou *avoir*. Conjugue.

ⓐ Nous .... français

ⓑ Tu .... un pantalon bleu.

ⓒ Elles .... des amis en Belgique.

ⓓ Pierre et Paul .... très sympathiques.

ⓔ Vous .... une belle maison.

5 Associe.

ⓐ Les élèves sont à l'école.

ⓑ C'est une grande famille !

ⓒ Elle est suisse.

ⓓ Ils ont des livres.

①

②

③

④

6 Retrouve la conjugaison du verbe *être*. → ↓

A	S	O	M	M	E	S
E	O	M	X	Y	U	J
P	N	A	E	S	T	L
N	T	K	H	I	O	E
A	C	H	H	E	Y	T
D	V	D	M	S	S	E
S	U	I	S	N	C	S

LEÇON 1 Quelle heure est-il ?

1 Relie les morceaux de puzzle.

- ① 14
- ⓐ trente et un
- ② 18
- ③ vingt-trois
- ⓑ dix-huit
- ⓒ cinquante-neuf
- ④ 59
- ⓓ 47
- ⑤ 31
- ⓔ 23
- ⑥ quarante-sept
- ⓕ quatorze

2 Calcule et écris la solution en toutes lettres.

ⓐ 34 + 23 = ...

ⓑ 16 + 16 = ...

ⓒ 59 − 28 = ...

ⓓ 47 − 31 = ...

3 Tu offres 7 roses. Calcule et écris en toutes lettres.

Il reste .... roses.

4 Écoute et écris les phrases. (1)

a ....

b ....

c ....

d ....

e ....

5 Trace les aiguilles des heures.

a trois heures et quart

b onze heures moins dix

c neuf heures vingt

cinq heures moins le quart

a

b

c

6 Réponds aux questions.

À quelle heure tu vas à l'école le jeudi ?

....

....

À quelle heure tu finis à l'école le mardi ?

....

....

7 Relie les deux colonnes.

Qu'est-ce qu' •	• aimez l'anglais ?
Est-ce que vous •	• il fait le matin ?

LEÇON 2 Aujourd'hui, c'est mercredi !

1 Mets les mots dans l'ordre.

ⓐ moi, | me | je | lève

....

ⓑ se | couche | elle | elle,

....

ⓒ nous | réveillons | nous, | nous

....

2 Quels verbes pronominaux correspondent aux images ?

ⓐ ....

ⓑ ....

ⓒ ....

ⓓ ....

3 Associe les personnes et les bonnes conjugaisons.

ⓐ Moi, je •
ⓑ Toi, tu •
ⓒ Lui, il •
ⓓ Nous, nous •
ⓔ Vous, vous •
ⓕ Elles, elles •

• ① se douche.
• ② nous levons.
• ③ se maquillent.
• ④ me coiffe.
• ⑤ vous couchez.
• ⑥ te parfumes.

4 Associe les moments de la journée aux heures.

Le matin	Le midi	L'après-midi	Le soir	La nuit
•	•	•	•	•
•	•	•	•	•
12 h 00	01 h 00	00 h 00	19 h 00	13 h 00
	06 h 00		22 h 00	18 h 00

5 Lis les textes et complète avec les moments de la journée.

le soir | l'après-midi | le matin | le midi

..............., Julien se lève. Il est content : « Aujourd'hui il y a un match de foot à l'école ! »

..............., il rentre à la maison à 13 heures. Il déjeune.

..............., il regarde la télé. Il joue sur l'ordinateur.

..............., il se couche tôt.

Zoom sur l'éducation civique

1 **Masculin ou féminin ? Associe.**

LA

LE

- bibliothèque
- cour de récréation
- cantine
- gymnase

2 **Complète les mots.**

ⓐ B I _ L _ O T _ _ Q U E

ⓑ C _ U R D E R _ C _ _ A T I O N

ⓒ C _ N T _ N _

ⓒ G _ M N _ S _

3 **Qu'est-ce que c'est ? Retrouve les lieux de l'école.**

ⓐ C'est ....

ⓑ C'est ....

ⓒ C'est ....

ⓓ C'est ....

4 **Mets les lettres dans l'ordre et retrouve qui c'est.**

ⓐ la sseetrmaî → la ....

ⓑ la tricerecdi → la ....

ⓒ le diengar → le ....

ⓓ la mmefe de agemén → la ....

ⓔ le niercuisi → le ....

LEÇON 3 C'est l'heure d'aller à l'école !

1 Écris la question à partir de la réponse.

ⓐ .... ?

Dans ma trousse, j'ai des feutres et un stylo.

ⓑ .... ?

Oui, Jade a un livre de mathématiques dans son sac à dos.

2 Remets les phrases dans l'ordre.

ⓐ cours / ont / 16 h / arts plastiques / à / 15 h / de / elles / d'

....

ⓑ de / sommes / récréation / 14 h / la / à / nous / dans / cour / 13 h / de

....

3 Relie les colonnes.

Sophie •	• manges à la cantine •	• à la bibliothèque.
Tu •	• font de la danse •	• le mercredi soir.
Elles •	• lit un livre •	• à une heure de l'après-midi.

4 Complète les phrases avec les verbes suivants.

se réveiller - se laver - se préparer

ⓐ Julia .... pour aller à la fête de Myriam.

ⓑ Christophe et Jade .... après le basket.

ⓒ Mathieu .... tôt le samedi pour son cours de piano.

Découvertes culturelles

UNE DRÔLE D'ÉCOLE

1 Lis le document et réponds aux questions.

CIRQUE

TOUT LE MONDE CONNAÎT LE CIRQUE GRUSS. IL EST TRÈS CÉLÈBRE ET IL EXISTE DEPUIS LONGTEMPS.

Dans le cirque, les artistes voyagent beaucoup. Ils sont tout le temps sur les routes. Et ils sont bien sûr avec leurs enfants. Mais l'école est obligatoire pour les enfants. Alors comment faire ?

Eh bien, c'est simple : dans le cirque Arlette Gruss, il y a un maître ou une maîtresse pour les enfants des artistes. Les enfants vont à l'école dans le cirque du lundi au vendredi. Ils ont 6 heures de classe par jour.

La salle de classe est dans une jolie roulotte blanche et rouge. C'est original !

Les enfants ont les mêmes cours que dans les autres écoles : ils font des mathématiques, des sciences, des langues, de l'histoire et de la géographie, du sport…

Et il y a aussi des enfants artistes. Au collège, ils ont des cours par correspondance. Ils travaillent seuls, mais pas tout à fait : un professeur est là. Il peut aider les enfants.

La roulotte école du cirque Arlette Gruss.

La salle de classe dans la roulotte.

Les enfants artistes s'entraînent après l'école. Ils font des acrobaties.

ⓐ Les enfants ont combien d'heures de classe par jour ?

ⓑ Où est installée la salle de classe ?

ⓒ Quelles matières ils étudient ?

ⓓ Au collège, comment se passe l'école pour les enfants artistes ?

2 Vrai ou Faux ? Coche la bonne case.

	Vrai	Faux
ⓐ L'école est obligatoire.	❒	❒
ⓑ Les enfants du cirque ont école le dimanche.	❒	❒
ⓒ La salle de classe est dans une roulotte rouge et bleue.	❒	❒
ⓓ Les enfants du cirque ont les mêmes cours que les autres enfants.	❒	❒
ⓔ Ils ont 8 heures de classe par jour.	❒	❒
ⓕ Au collège, les enfants artistes ont des cours par correspondance.	❒	❒

Lecture

Lis le texte et réponds aux questions. Coche les bonnes cases.

LE PETIT OGRE

Un petit ogre dit un soir
à ses parents :

– Demain, je vais à l'école pour apprendre à lire.

– Mange, allez, mange donc ! dit son père.

– Demain je vais à l'école pour avoir des amis.

– Non, tu ne vas pas à l'école, dit sa mère.
Mange, allez mange donc !

Mais le petit ogre
ne mange pas.

À la fin, le père du petit ogre emmène son fils à l'école.

Il dit à la maîtresse :

– Apprenez à lire à cet imbécile* ou je vous dévore** tous !

*Imbécile : mot très familier = « idiot ».
**Dévorer : manger

D'après « Le petit ogre veut aller à l'école » de Marie-Agnès Gaudrat, Coll. Bayard Poche « Les Belles histoires », 2007.

ⓐ Le petit ogre va à l'école pour apprendre :

❑ **1.** à compter.

❑ **2.** à lire.

❑ **3.** à écrire.

ⓑ Le père du petit ogre dit de :

❑ **1.** jouer.

❑ **2.** dormir.

❑ **3.** manger.

DELF PRIM A1

COMPRÉHENSION ORALE

Associe les phrases avec les bonnes horloges. Note les numéros.

17 : 00

Phrase n° ....

7 : 15

Phrase n° ....

8 : 15

Phrase n° ....

20 : 00

Phrase n° ....

7 : 00

Phrase n° ....

12 : 30

Phrase n° ....

21 : 30

Phrase n° ....

7 : 45

Phrase n° ....

Arthur

PRODUCTION ORALE

Raconte ta journée. Utilise les heures indiquées sur les horloges.

- Je me lève à 7 h 30. Je me lave...

DELF PRIM A1

COMPRÉHENSION DE L'ÉCRIT

Kenza raconte une journée à l'école. Lis sa lettre et complète avec les mots suivants :

après-midi - bibliothèque - brosse - joue - cantine - école - matin - réveille

Salut les copains !
Le .... je me .... à sept heures. Je me douche.
Je prends mon petit déjeuner. Je me .... les dents et je vais à l'................
à huit heures et demie.
Je commence avec le français. Ensuite j'ai cours de physique puis de sciences naturelles.
Après il y a le cours d'histoire.
À l'école, je mange à la .... Et j'étudie à la ....
L'................, j'arrive à la maison à seize heures. Je goûte et je fais mes devoirs.
Je .... avec ma petite sœur.
Voilà ma journée...
Amina

PRODUCTION ÉCRITE

Comme Kenza, écris une petite lettre à ta classe. Tu racontes une journée à l'école.
Prépare tes réponses à l'aide de la liste ci-dessous.

- Le matin, je me réveille à ....
- Ordonne les activités du matin.
  - Je prépare mon sac à dos ....
  - Je prends mon petit déjeuner ....
  - Je m'habille ....
  - Je me douche ....
  - Je me brosse les dents ....

....
....
....
....
....

- Choisis tes réponses.
  Je commence l'école à ....
  - Je parle en français.
  - J'écoute mon professeur.
  - J'écris des histoires.
  - Je compte.
  - Je dessine.
  - Je fais du sport.
  - J'aime bien / Je n'aime pas les maths, la géographie, l'histoire...
  - Pendant la récréation, je joue avec mes amis, je fais mes devoirs, je parle avec mes copains.
  - Pour le déjeuner, je rentre à la maison / je mange à la cantine.

  L'école finit à .... heures.

1 Écris l'heure en toutes lettres.

Il est ....

ⓐ .... ⓑ .... ⓒ ....

.... / 1 point

2 Ils parlent des cours de...

ⓐ Nous lisons des textes et nous récitons des poèmes.

C'est le cours de : ....

ⓑ Nous faisons des opérations avec la calculatrice.

C'est le cours de : ....

ⓒ Nous regardons les cartes des pays d'Europe.

C'est le cours de : ....

.... / 3 points

3 Regarde bien le plan et écris les lieux du collège.

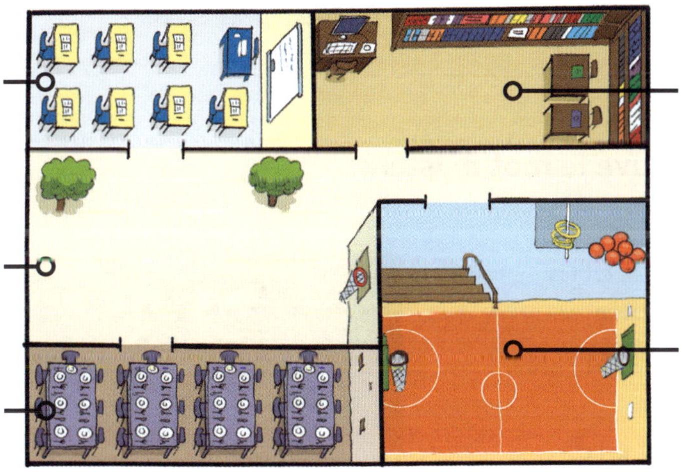

....

....

....

....

....

.... / 5 points

4 Entoure l'intrus : crayon colle ballon gomme

.... / 1 point

Total : .... / 10 points

LEÇON 1 Je fais du sport

1 Complète avec le verbe *faire*.

ⓐ Michelle et moi .... de l'athlétisme.

ⓑ Anne et Sophie .... de la natation.

ⓒ Toi et ton frère .... du judo.

2 Barre l'intrus dans chaque liste.

tennis
basket-ball
escrime

gymnastique
judo
natation

escrime
football
athlétisme

3 Complète les mots et trouve le mot mystère.

1 : FOOTB_LL
2 : _ÉLO
3 : ESCR_ME
4 : _OLLERS
5 : NATATI_N
6 : TE_NIS

○ ○ ○ ○ ○ ○
1 2 3 4 5 6

4 Écris des phrases entières. Utilise le verbe *faire*.

le / Michel / athlétisme / samedi /l'/de → *Michel fait de l'athlétisme le samedi.*

ⓐ Je / à / natation / aujourd'hui / 18 h 30 / de la

....

ⓑ tu / basket-ball / après-midi / du / collège/ l'/ au

....

5 ⓐ Lis le texte et complète avec les connecteurs logiques *et*, *ou*, *alors*.

J'adore faire du sport. .... dans ma chambre, j'ai un ballon de rugby, une raquette de tennis .... huit balles. J'ai aussi un kimono pour le judo avec une ceinture rouge. Pour aller au gymnase, je prends mon skateboard .... mon vélo.

ⓑ **Relis le texte et regarde le dessin. Entoure les 5 erreurs dans le texte.**

6 Phonétique. (3)

ⓐ **Écoute et coche si tu entends le son [œ].**

matin	❑	jeune	❑
cœur	❑	dix	❑
jus	❑	orange	❑
sœur	❑	auteur	❑

ⓑ **Écoute et coche si tu entends le son [ɛ].**

faire	❑	être	❑
ordinateur	❑	joyeux	❑
tennis	❑	samedi	❑
tête	❑		

LEÇON 2 En avant la musique !

1 Remplis la grille.

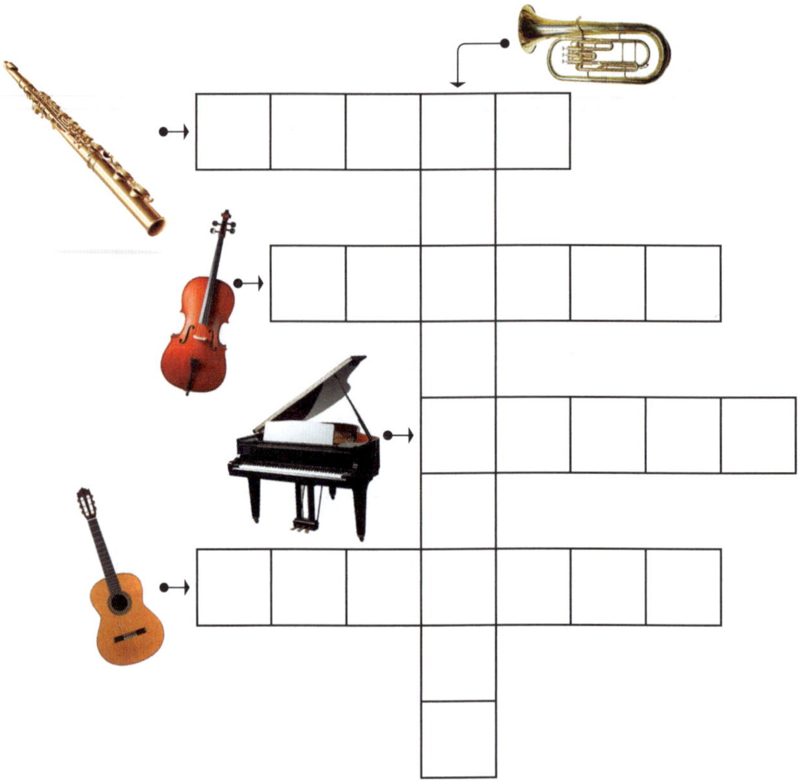

2 Écoute et complète. 4

ⓐ J'adore jouer .... football, c'est mon sport préféré.

ⓑ Je fais .... théâtre les mardis à cinq heures et quart.

ⓒ Nous n'aimons pas jouer .... basket, nous préférons jouer .... tennis.

ⓓ Tu joues très bien .... guitare, tu vas être un musicien célèbre !

3 Fais une phrase pour chaque dessin.

Kenza et Clara jouent aux cartes.

ⓐ

....

....

....

....

ⓑ

....

....

....

....

ⓒ

....

....

....

....

ⓓ

....

....

....

....

ⓔ

....

....

....

....

ⓕ

Zoom sur la musique

1 **Associe chaque instrument à sa famille.**

percussions | instruments à vent | instruments à cordes

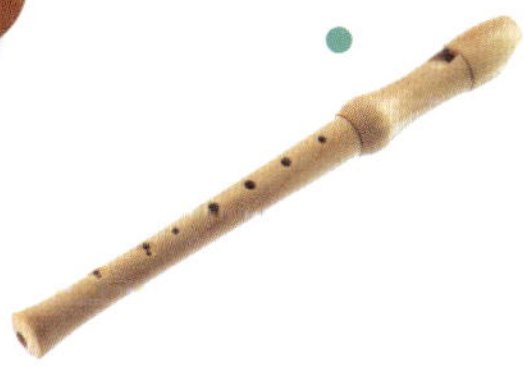

2 **Observe la place des instruments dans l'orchestre symphonique. Note leur place.**

percussions - instruments à vent - instruments à corde - cuivre

- (bleu) ....
- (violet) ....
- (vert) ....
- (orange) *Cuivre*

LEÇON 3 Oh ! Un concours !

1 Complète avec les verbes *faire* ou *jouer*.

ⓐ Vous .... de l'athlétisme au stade.

ⓑ Carine et Lucas .... aux échecs après le cours de français.

ⓒ Marie .... du dessin avec Louise.

ⓓ David .... de la batterie avec ses copains.

2 Reconstitue les phrases. Choisis le bon connecteur !

ⓐ Tu as cours de musique •		• **1.** les échecs ?
ⓑ Tu préfères le foot •	• ou •	• **2.** tu fais du skateboard.
ⓒ Anna aime la musique •	• et •	• **3.** le sport.
ⓓ Tu aimes les jeux vidéo •	• alors •	• **4.** tu emportes ta guitare.
ⓔ Tu es sportif •		• **5.** le basket ?

3 Retrouve la conjugaison du verbe *faire* dans la grille.

A	B	O	T	E	D	N	R	X	I
E	K	F	A	I	S	C	P	L	F
F	A	J	Z	K	D	P	A	C	O
A	U	L	M	E	E	N	O	S	N
I	S	Y	D	R	L	A	U	B	T
T	M	A	M	O	P	F	C	G	B
E	X	F	A	I	S	O	N	S	C
S	I	U	A	T	R	G	C	E	R
S	F	A	I	T	O	S	U	I	M
V	B	J	N	E	M	U	A	C	T

Je ....

Tu ....

Il / Elle ....

Nous ....

Vous ....

Ils / Elles ....

Découvertes culturelles

VIVE LA RÉCRÉ !

1 **Écris le nom des jeux de la récréation.**

ⓐ .... ⓑ .... ⓒ ....

ⓓ .... ⓔ .... ⓕ ....

2 **Vrai ou Faux ? Coche la bonne case.**

	Vrai	Faux
ⓐ Léo joue à la balle au prisonnier avec des billes.	❐	❐
ⓑ Elle dessine la marelle sur le sol de la cour.	❐	❐
ⓒ Au foot, il y a deux équipes.	❐	❐
ⓓ À la récréation, c'est possible de jouer aux cartes.	❐	❐
ⓔ À la récréation, ils jouent aux jeux vidéo.	❐	❐

Lecture

Les footballeurs

Les joueurs d'une équipe portent des vêtements de couleur identique.
Les gardiens de but portent une couleur différente.
Les vêtements des arbitres sont toujours noirs.

Les joueurs portent obligatoirement un short, un tee-shirt avec des manches, des chaussures et des chaussettes hautes.

Les gardiens de but portent un short ou un pantalon de survêtement. Ils ont des gants.

Le gardien de but

1 Lis le texte et barre les 4 erreurs sur le dessin.

2 Et toi, quel est ton joueur de football préféré ? Écris son nom et décris ses vêtements.

Dessin animé

LOU À TAHITI

Regarde le dessin animé et réponds aux questions.

ⓐ Lou est…
❒ **1.** à la Réunion. ❒ **2.** à Tahiti.
❒ **3.** au Maroc.

ⓑ Makaï est…
❒ **1.** son ami. ❒ **2.** son frère.
❒ **3.** son cousin.

ⓒ Qu'est-ce que Lou veut manger ?

……………………………………………………………………………………………

ⓓ Lou et Makaï veulent participer à quel concours ?

……………………………………………………………………………………………

ⓔ Quand le concours a lieu ?

……………………………………………………………………………………………

ⓕ Est-ce que Lou sait faire de la pirogue ?
❒ **1.** oui ❒ **2.** non

ⓖ La pirogue de Lou et Makaï est…
❒ **1.** verte. ❒ **2.** bleue. ❒ **3.** rouge. ❒ **4.** jaune.

ⓗ Qu'arrive-t-il à Lou et Makaï pendant le concours ?

……………………………………………………………………………………………

ⓘ L'eau de la mer est…
❒ **1.** claire et chaude. ❒ **2.** claire et froide. ❒ **3.** chaude et sombre.

ⓙ Comment s'appelle le nouvel ami de Lou et Makaï ?
❒ **1.** Hiti ❒ **2.** Titi ❒ **3.** Tihi

ⓚ Où et à quelle heure est la fête d'anniversaire de l'ami de Lou et Makaï ?

……………………………………………………………………………………………

ⓛ Qu'est-ce que le garçon offre à Lou ?

……………………………………………………………………………………………

ⓜ À quoi ça sert ? ……………………………………………………………

DELF PRIM A1

COMPRÉHENSION ORALE

Écoute et choisis le bon dessin. 5

ⓐ

❒ 1. 

❒ 2. 

ⓑ

❒ 1. 

❒ 2. 

ⓒ

❒ 1. 

❒ 2. 

ⓓ

❒ 1. 

❒ 2. 

PRODUCTION ORALE

Tu fais trois activités. Choisis trois images et présente les activités.

ⓐ

ⓑ

ⓒ

ⓓ

ⓔ

ⓕ

DELF PRIM A1

COMPRÉHENSION DE L'ÉCRIT

Lola écrit à son amie Manon. Lis la lettre de Lola et réponds aux questions.

Salut Manon,
Tu vas bien ? Demain, j'ai une compétition de football. Le football, c'est ma passion ! Je fais du foot au collège. Et je fais aussi du foot dans un club près de chez moi.
Le week-end, je fais du piano. J'ai des cours. Le samedi matin, je joue du piano pendant 2 heures.
Ma prof de piano, madame Laure, est très sympa.
J'adore le sport et la musique. Ce sont mes deux grandes passions ! Et toi, quelles sont tes passions ?
À bientôt,
Lola

ⓐ Quelles sont les passions de Lola ?

....

ⓑ Où Lola fait-elle du foot ?

....

ⓒ Qu'est-ce qu'elle fait le week-end ?

❐ 1.  ❐ 2.  ❐ 3.  ❐ 4. 

ⓓ Qui est madame Laure ?

....

PRODUCTION ORALE

Tu es Manon. Tu réponds à la lettre de Lola. Tu parles de tes passions.

Salut Lola,

....

....

....

Bisous,
Manon

ÉVALUATION

1 Complète avec le verbe *faire* ou le verbe *jouer*.

ⓐ Cédric et moi .... aux échecs au collège.
ⓑ Elles .... de la danse tous les jours.
ⓒ Aujourd'hui, je .... de l'athlétisme au stade.
ⓓ Vous .... aux jeux vidéo.

.... / 2 points

2 Complète. du - de la - de l'

ⓐ Tu joues .... accordéon.
ⓑ Il joue .... batterie.
ⓒ e joue .... piano.
ⓓ Tu fais .... l'athlétisme.

.... / 4 points

3 Complète les textes avec les connecteurs logiques : *et*, *ou*, *alors*.

ⓐ Je fais du judo .... de la natation.
ⓑ Tu préfères le tennis .... le basket ?
ⓒ J'adore le football .... je m'entraîne tous les jours.
ⓓ Elle joue du piano .... du violon.

.... / 2 points

4 À quoi ils jouent ?

ⓐ Esteban joue ....

ⓑ Paul joue ....

ⓒ Amir et Zoé jouent ....

ⓓ Léa joue ....

.... / 2 points

Total : .... / 10 points

UNITÉ 3 Vive les courses !

LEÇON 1 J'achète

1 Complète ta carte de loto avec les chiffres.

soixante-neuf
quatre-vingt-sept
soixante et onze
quatre-vingt-treize
soixante-quinze

2 Écris ces chiffres en toutes lettres.

66 : *soixante-six*
70 : ....
80 : ....
90 : ....
83 : ....
78 : ....
99 : ....

3 Complète le verbe *acheter* avec « *è* » ou « *e* ».

ⓐ Nous ach.....tons un livre pour l'anniversaire de Léa.
ⓑ Il ach.....te un ticket de cinéma pour samedi.
ⓒ J'ach.....te un sac vert et jaune.
ⓓ Vous ach.....tez un cadeau pour maman.

4 Combien ça coûte ? Remplis les étiquettes.

ⓐ J'achète un skateboard à quatre-vingt-cinq euros.
ⓑ Le jeu vidéo coûte soixante-quinze euros.
ⓒ Le pull est à quarante-neuf euros.

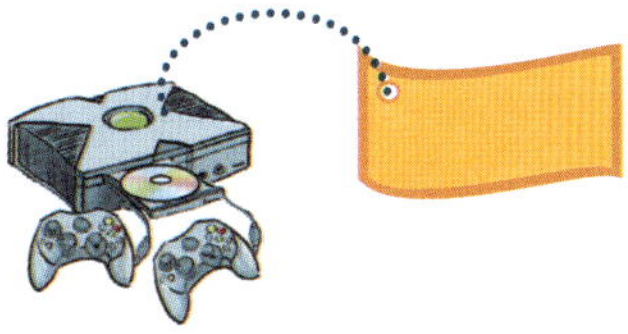

5 Écris le nom des magasins.

ⓐ ....

ⓑ ....

ⓒ ....

ⓓ ....

ⓔ ....

ⓕ ....

6 Remets le texte dans l'ordre.

Ça coûte soixante-dix-sept euros. n° ....

Bonjour monsieur Legrand, qu'est-ce que vous voulez ? n° ....

Combien ça coûte ? n° ....

Au revoir, monsieur Legrand. n° ....

Je voudrais un jeu vidéo pour l'anniversaire de mon fils, s'il vous plaît. n° ....

Bien sûr, monsieur Legrand. n° ....

Très bien. J'achète ce jeu. n° ....

7 Complète avec *tu* ou *vous* et conjugue le verbe.

ⓐ Salut Laura, qu'est-ce que .... (*vouloir*) ?

ⓑ Madame Brunet, qu'est-ce que .... (*vouloir*) ?

ⓒ Maman, ... (*acheter*) des gâteaux ?

ⓓ Monsieur, ... (*ne pas acheter*) ces baskets ?

LEÇON 2 Bonjour, je voudrais…

1 Complète les phrases avec le bon partitif : *de la*, *du*.

ⓐ Théo, tu achètes .... pain, s'il te plaît.

ⓑ Je voudrais .... glace au chocolat.

ⓒ Il mange .... salade.

ⓓ Pour faire le gâteau au chocolat, il faut .... chocolat, mais aussi .... farine, ... sucre, ... beurre et 4 œufs.

2 Conjugue le verbe *vouloir*.

3 Complète le dialogue avec le verbe *vouloir*.

ⓐ Bonjour, les enfants, qu'est-ce que vous .... ?

ⓑ Nous .... un joli sac pour l'anniversaire de Béa.

ⓒ Tu .... les baskets rouges ou les jaunes ?

ⓓ Je .... les bleues.

4 Entoure si tu entends le son [wa]. (6)

Doigt

Poisson

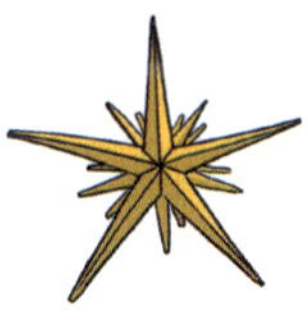

Salut

Grand-père

Poire

Voilà

Trois

Pantalon

Étoile

Chaussette

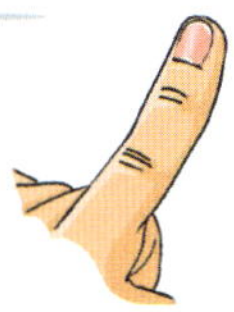

UNITÉ 3 Vive les courses !

Zoom sur les mathématiques

1 Combien ça coûte ? Alexis achète des cadeaux. Trouve le prix de chaque objet.

Le microscope coûte six fois plus que le livre.

Le sac coûte deux fois moins que le microscope.

Le ballon coûte deux fois moins que le sac.

Le drone coûte le prix du microscope et du ballon.

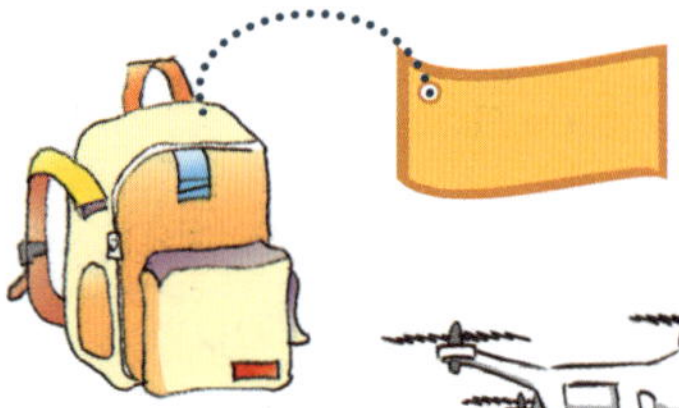

2 Qu'est-ce qu'achète Anatole ?

Anatole a 55 euros. Il aime la lecture, le cinéma, les jeux.

Il n'aime pas les jeux vidéo.

Il ne fait pas de sport. Il n'aime pas les échecs.

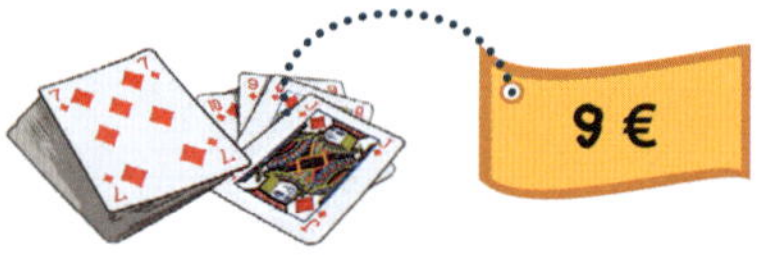

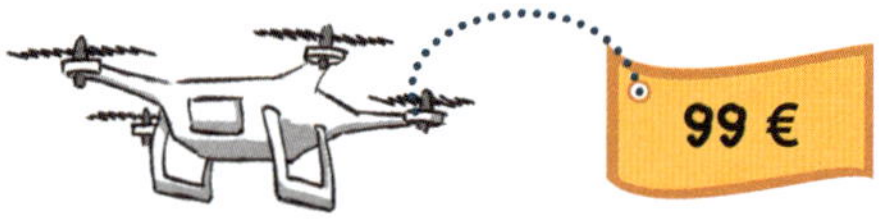

Anatole achète : ....

Il dépense : .... = ...

Est-ce qu'Anatole a encore de l'argent ? Si oui, combien ?

....

LEÇON 3 Le cahier de Mbappé

1 Relie les morceaux du puzzle et retrouve la conjugaison du verbe acheter.

2 Choisis la formule correcte. Coche la bonne case.

ⓐ Tu demandes à un ami de jouer au football.
- ❒ **1.** Tu veux jouer au football ?
- ❒ **2.** Vous voulez jouer au football ?

ⓑ Tu demandes au vendeur des baskets jaunes.
- ❒ **1.** Tu as des baskets jaunes ?
- ❒ **2.** Vous avez des baskets jaunes ?

ⓒ Tu demandes à une vieille dame l'heure.
- ❒ **1.** Tu as l'heure ?
- ❒ **2.** Vous avez l'heure ?

ⓓ Tu demandes à ta grand-mère d'acheter un livre.
- ❒ **1.** Tu peux acheter un livre ?
- ❒ **2.** Vous pouvez acheter un livre ?

3 Relie le radical du verbe à la bonne terminaison.

VEU •
VOUL •

• X
• ONS
• T
• EZ
• LENT

4 Complète la liste des courses avec le bon article partitif : *de la*, *de l'*, *du*, *des*.

Acheter
- .... fromage
- .... croissants
- .... eau
- .... lait
- .... soupe
- .... céréales

Découvertes culturelles

UNE BAGUETTE, S'IL VOUS PLAÎT !

1 Mets les lettres dans l'ordre.

GEBLOUANRIE : ....

2 Observe la photo.

ⓐ Qu'est-ce que tu connais ?
Note les noms.

....

....

....

....

ⓑ Trouve l'intrus.

C'est ....

3 Complète le texte avec les bons mots.

En France, il y a beaucoup de boulangerie. À la boulangerie, les Français achètent du ...., surtout la .... Ils achètent aussi des ...., des ...., des ....
Dans les boulangeries, on trouve aussi des ....
.... Lui, c'est le ....

Lecture

Observe l'affiche, lis et coche les bonnes réponses.

ⓐ C'est...

❒ **1.** un magasin de jouets.

❒ **2.** une boulangerie.

❒ **3.** un magasin de vêtements.

	Vrai	Faux
ⓑ Les soldes commencent le 25 décembre.	❒	❒
ⓒ Dans le magasin, les soldes commencent le 26 décembre.	❒	❒
ⓓ Il y a 70 % de réduction sur les baskets.	❒	❒
ⓔ C'est pratique pour les cadeaux de Noël.	❒	❒
ⓕ Il y a des réductions sur tous les vêtements.	❒	❒
ⓖ Il n'y a pas de réduction sur les chaussures.	❒	❒

DELF PRIM A1

COMPRÉHENSION ORALE

1 Écoute et choisis les bonnes images. (7)

ⓐ ❒ 1. 

❒ 2. 

❒ 3. 

ⓑ ❒ 1. 
❒ 2. 
❒ 3. 

ⓒ ❒ 1. 
❒ 2. 
❒ 3. 

2 Lis les questions et regarde les images. Écoute et réponds aux questions. (8)

ⓐ Qui fête son anniversaire ?

❒ 1. Clara ❒ 2. Antoine ❒ 3. Adrien

ⓑ Quel jour est la fête d'anniversaire ?

❒ 1. samedi ❒ 2. mardi ❒ 3. jeudi

ⓒ Clara et Antoine achètent…

❒ 
❒ 2. 
❒ 3. 

ⓓ Combien coûte le drône ?

❒ 1. 40 € ❒ 2. 75 € ❒ 3. 65 €

ⓔ Où Clara et Antoine ont rendez-vous ? ....

PRODUCTION ORALE

Tu veux acheter un cadeau (un jouet ou un vêtement) pour un(e) ami(e). Choisis le cadeau et joue la situation.

DELF PRIM A1

COMPRÉHENSION DE L'ÉCRIT

Lis le document et réponds aux questions.

CHIC-HABITS – Limoges

PROMOTION DU 10 AU 15 JANVIER

Commande par Internet : www.chic-habits.fr

* Pantalon ado	code 349800	couleurs : blanc, bleu, noir	32 euros.
* Jupe	code 746377	couleurs : jaune, vert, rose	25 euros.
* Pull hiver	code 839903	couleurs : noir, bleu	45 euros.
* Baskets fullpower	code 143325	couleurs : blanc, vert, rouge	55 euros.
* T-shirt goodcool	code 0394884	couleurs : noir, vert, bleu	9 euros.

✪ 2 t-shirts achetés **le 3e gratuit** !

ⓐ Comment s'appelle le magasin ?

....

....

ⓑ C'est un magasin...

❐ **1.** d'articles de sport
❐ **2.** de jouets
❐ **3.** de vêtements.

ⓒ Où se trouve le magasin ? ....

ⓓ Tu peux acheter par Internet ? ❐ **1.** Oui ❐ **2.** Non

ⓔ Combien coûte le pantalon ado ? ....

ⓕ Quel est le code du pull hiver ? ....

ⓖ Est-ce qu'il y a des pulls jaunes ? ❐ **1.** Oui ❐ **2.** Non

ⓗ Tu achètes deux t-shirt, le 3e...

❐ **1.** est gratuit. ❐ **2.** coûte 7 euros. ❐ **3.** coûte 9 euros.

PRODUCTION ÉCRITE

Remplis le bon de commande à l'aide du document ci-dessus.

- Tu achètes :
  – 1 jupe rose
  – 1 pull noir
  – 3 t-shirts (noir, vert, bleu).

OU

- Tu achètes :
  – 1 pantalon blanc
  – des baskets rouges
  – 3 t-shirts (noir, vert, bleu).

CHIC-HABITS – Limoges

Bon de commande

Nom : .... Prénom : ....
Rue : ....
Ville : .... Pays : ....
Téléphone : ....

ARTICLE	CODE	COULEUR	PRIX
		TOTAL À PAYER	

ÉVALUATION

1 Complète avec le verbe *acheter*.

ⓐ Nous .... un ballon de basket.

ⓑ J' .... un jeu de cartes.

ⓒ Lou .... un gâteau pour l'anniversaire de Théo.

.... / 3 points

2 Écris ces nombres en toutes lettres.

ⓐ 76 : ....

ⓑ 85 : ....

.... / 1 point

3 Écris la question à partir de la réponse. Utilise les formules de politesse.

ⓐ .... ?

Le jeu vidéo coûte 81 euros, madame.

ⓑ .... ?

La chemise bleue coûte 15 euros, monsieur.

.... / 2 points

4 Complète avec le verbe *vouloir*.

ⓐ Je .... aller au cinéma.

ⓑ Nous .... acheter des livres.

ⓒ Vous .... préparer la fête d'anniversaire de Paul ?

ⓓ Ils .... jouer au tennis.

.... / 2 points

5 Choisis la bonne réponse.

ⓐ Pour le gâteau, j'achète du / de la lait.

ⓑ Jean mange du / de la soupe.

ⓒ Les enfants pour le dessert, vous voulez de l' / de la glace ou de la / du gâteau au chocolat ?

.... / 2 points

Total : .... / 10 points

LEÇON 1 Où tu vas ?

1 Associe les deux colonnes.

a •

b •

c •

d •

e •

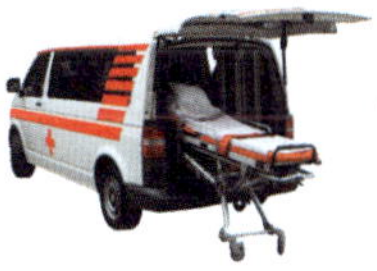
f •

g •

h •

- • 1. école
- • 2. arrêt de bus
- • 3. piscine
- • 4. cinéma
- • 5. gare
- • 6. stade
- • 7. médiathèque
- • 8. hôpital

2 Observe les dessins et complète la grille.

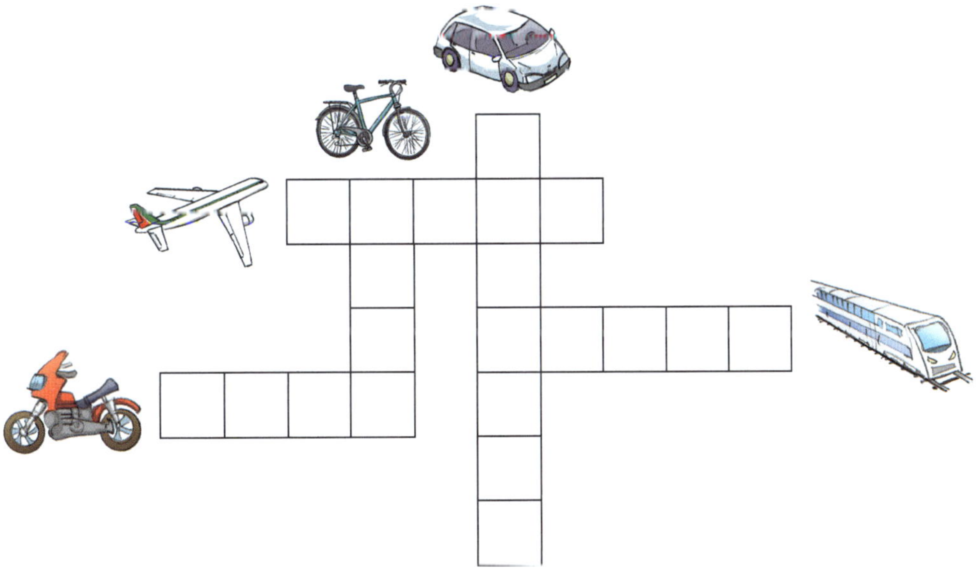

4 **Trace le bon chemin pour Kenza et pour Léo.**

vais · au · amis · bus · avec · Je · Je · manger · aller · prendre · stade · mes · restaurant · le · vais · pour · au

5 **Mets les verbes à l'impératif.**

ⓐ Pour venir à la maison, ... (*aller, tu*) tout droit. .... (*tourner, tu*) à gauche avenue de France puis .... (*continuer, tu*) tout droit jusqu'à la boulangerie. J'habite à côté de la boulangerie.

ⓑ L'école n'est pas loin. .... (*aller, vous*) tout droit. Puis .... (*tourner, vous*) à gauche rue de la Gare. .... (*continuer, vous*) encore un peu et vous êtes à l'école !

ⓒ .... (*aller, nous*) à la boulangerie et .... (*acheter, nous*) des croissants pour le goûter.

6 **Dessine le plan d'une ville. Place une pharmacie, une école, une piscine, une bibliothèque, une boulangerie, un jardin. Trace un chemin et guide ton/ta camarade. Utilise l'impératif.**

LEÇON 2 Quel est ton métier ?

1 Écris le nom des professions sous les dessins. Associie.

ⓐ Je fais du pain et des croissants. Je suis...
ⓑ Tu as mal à la tête. Je suis là ! Je suis...
ⓒ Silence, la classe commence ! Je suis...
ⓓ Je participe à la coupe du monde football. Je suis...
ⓔ Lundi et mardi, je suis à l'aéroport de Paris. Je suis...
ⓕ J'adore les animaux. Je suis...
ⓖ Je porte un uniforme. Je suis...

1. ....

2. ....

3. ....

4. ....

5. ....

6. ....

7. ....

2 Donne le féminin.

ⓐ un docteur → une ....
ⓑ un vendeur → ....
ⓒ un boulanger → ....
ⓓ un professeur → ....
ⓔ un footballeur → ....
ⓕ un pilote → ....

3 [z] ou [s] ? Écoute et coche. 9

	a.	b.	c.	d.	e.	f.
[z]						
[s]						

Zoom sur l'histoire

1 Retrouve le nom des moyens de transport. Associe.

6 Une trottinette électrique | .... Un tramway | .... Un autobus | .... Un train à vapeur

.... Un cavalier | .... Une voiture à cheval | .... Une voiture

2 De quand datent-ils ? Classe les moyens de transport dans le tableau.

Moyen Âge	XVIIe siècle	XIXe siècle	XXe siècle	XXIe siècle
....	....	....	....	....
....	....	....	....	....

LEÇON 3 Le déguisement secret

1 Complète les phrases avec le verbe *aller*.

ⓐ Nous .... à la bibliothèque.

ⓑ Je .... à la piscine avec mes amis.

ⓒ Ils .... à l'école.

ⓓ Vous .... au stade. Il y a un match de foot.

ⓔ Il ne .... pas à la gare.

ⓕ Tu .... à l'hôpital ?

2 Classe les mots dans le tableau.

piscine - cinéma - boulangerie - école - hôpital - gare - médiathèque - stade - jardin - pharmacie

à la / à l'	au / à l'
....	....
....	....
....	....
....	....
....	....
....	....

3 Transforme les phrases à l'impératif présent.

ⓐ Tu tournes à droite. ....

ⓑ Vous continuez tout droit. ....

ⓒ Tu ajoutes du sucre. ....

ⓓ Nous restons à l'arrêt de bus. ....

4 Réponds aux questions. Utilise « Il y a » et « Il n'y a pas ».

ⓐ Est-ce qu'il y a un stade dans ta rue ?

Non, dans ma rue ....

ⓑ Est-ce qu'il y a un supermarché dans ta rue ?

Oui, ...

ⓒ Est-ce qu'il y a une école dans ta rue ?

Non, ...

ⓓ Est-ce qu'il y a une boulangerie dans ta rue ?

Oui, ...

ⓔ Est-ce qu'il y a un cinéma dans ta ville ?

Oui, ...

ⓕ Est-ce qu'il y a une médiathèque dans ta ville ?

Oui, ...

Découvertes culturelles

LES GRANDES VILLES FRANCOPHONES

1 Observe les photos et écris le nom de la ville. Indique le pays.

Bruxelles - Kinshasa - Montréal - Paris

Ville : ....
Pays : ....

Ville : ....
Pays : ....

Ville : ....
Pays : ....

Ville : ....
Pays : ....

2 Relis les textes de la page 45 du livre. Coche la bonne case.

	Vrai	Faux
ⓐ Le Manneken-Pis est une statue à Montréal.	❒	❒
ⓑ À Bruxelles, on mange de bonnes gaufres.	❒	❒
ⓒ À Paris, il y a un fleuve. C'est la Seine.	❒	❒
ⓓ Les touristes n'aiment pas les restaurants de Paris.	❒	❒
ⓔ Les Kinnois sont les habitants de Kinshasa.	❒	❒
ⓕ Le Zaïre est le nom d'un fleuve.	❒	❒
ⓖ Il fait très chaud à Montréal en hiver.	❒	❒
ⓗ Il y a le métro à Montréal.	❒	❒

3 Cherche le nom d'autres villes francophones.

....
....
....
....
....
....

Lecture

JE VOYAGE EN MÉTRO

Observe le plan et réponds aux questions.

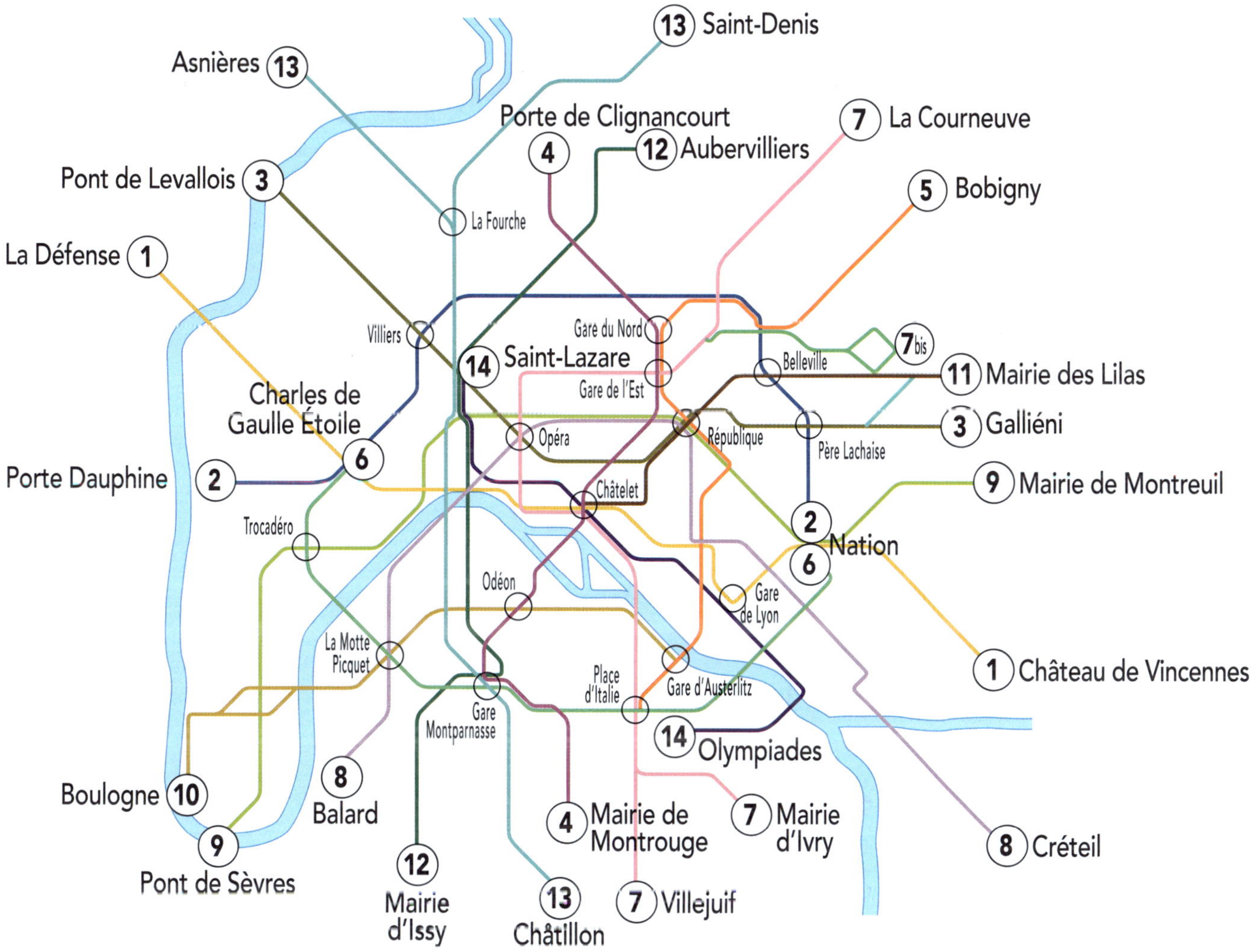

ⓐ Il y a combien de lignes de métro à Paris ? ....

ⓑ La ligne rose porte quel numéro ? ....

ⓒ Est-ce que la ligne 3 passe par Opéra ? ....

ⓓ Quelles lignes passent à la station Odéon ? ....

....

ⓔ Il y a plusieurs gares à Paris. Trouve une gare. Donne son nom et le numéro de la ligne de métro.

....

Dessin animé

NOAH À BRUXELLES

Regarde le dessin animé et réponds aux questions.

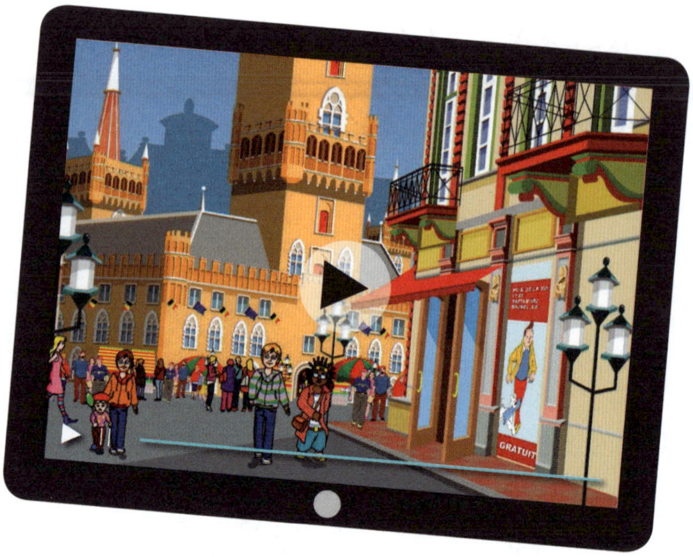

ⓐ Noah est...
❒ **1.** à Paris. ❒ **2.** à Bruxelles.
❒ **3.** à Lyon.

ⓑ Avec son ami, Noah va...
❒ **1.** à Paris. ❒ **2.** à Bruxelles.
❒ **3.** à Lyon.

ⓒ Noah veut acheter...
❒ **1.** des chocolats. ❒ **2.** un jeu vidéo. ❒ **3.** un manteau.

ⓓ En Belgique, les chocolats s'appellent...
❒ **1.** des bonbons. ❒ **2.** des pralines. ❒ **3.** des gaufres.

ⓔ Le magasin est...
❒ **1.** dans la rue à droite. ❒ **2.** dans la rue à gauche.

ⓕ La grande boîte de chocolats coûte...
❒ **1.** 9,55 €. ❒ **2.** 14,35 €. ❒ **3.** 19,20 €.

ⓖ Noah achète...
❒ **1.** deux grandes boîtes et une petite.
❒ **2.** deux grandes boîtes et deux moyennes.
❒ **3.** deux grandes boîtes et deux petites.

ⓗ Au total, Noah paye...
❒ **1.** 57,50 €. ❒ **2.** 50,57 €. ❒ **3.** 35,50 €.

ⓘ Quelle heure est-il ?
❒ **1.** 15 h ❒ **2.** 15 h 30 ❒ **3.** 15 h 15

ⓙ Qui vole les chocolats de Noah ?
❒ **1.** un chien ❒ **2.** un chat ❒ **3.** un éléphant

ⓚ Le chien s'appelle...
❒ **1.** Pilou. ❒ **2.** Milou. ❒ **3.** Saucisse.

ⓛ Il est de quelle couleur ?

....

DELF PRIM A1

COMPRÉHENSION ORALE

1 **Écoute et choisis a bonne image.** (10)

ⓐ ❒ 1.  ❒ 2. 

ⓑ ❒ 1.  ❒ 2. 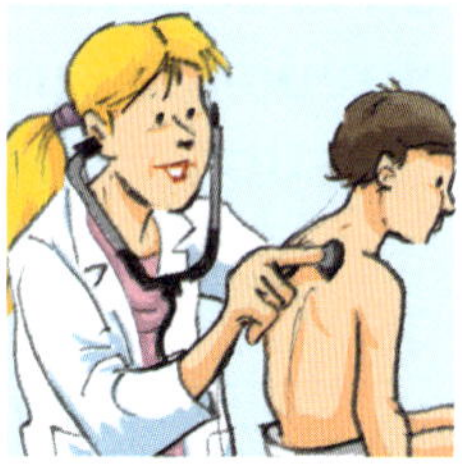

ⓒ ❒ 1.  ❒ 2. 

ⓓ ❒ 1.  ❒ 2. 

2 **Écoute et note le numéro du dialogue sous l'image correspondante.** (11)

1. Dialogue ....

2. Dialogue ....

3. Dialogue ....

4. Dialogue ....

EXPRESSION ORALE

Tu es devant la maison de Cédric et tu vas à l'école. Explique le chemin.

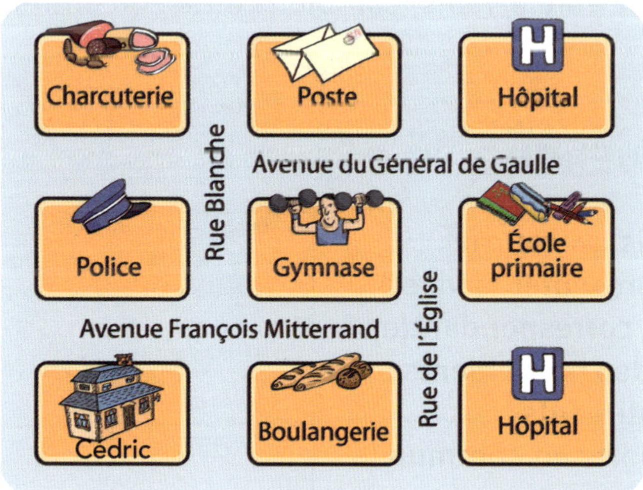

DELF PRIM A1

COMPRÉHENSION DE L'ÉCRIT

Lis le document et réponds aux questions.

ⓐ Le lieu présenté est…
❐ **1.** la Tour Eiffel. ❐ **2.** l'Atomium. ❐ **3.** le parc Mini-Europe.

ⓑ Le parc Mini-Europe présente les monuments de combien de villes d'Europe ?

....

ⓒ Quelle est l'adresse du parc Mini-Europe ?

....

ⓓ Combien mesure la reproduction de Big Ben ?

....

ⓔ Est-ce que tu peux visiter le parc Mini-Europe au mois de février ?
❐ **1.** Oui ❐ **2.** Non

ⓕ Il y a combien de lignes de bus pour arriver au parc Mini-Europe ?

....

ⓖ Mon frère a 7 ans, combien coûte son entrée au parc Mini-Europe ?

....

PRODUCTION ÉCRITE

Tu écris un courriel pour présenter ta ville à ton/ta correspondant(e). Parle des monuments, des bâtiments, des transports en commun…

Boîte de réception

Rechercher

....

....

....

1 **Trouve l'intrus.**

L'intrus est le mot ....

.... / 1 point

2 **Où vont les enfants ? Utilise le verbe aller et les prépositions *au*, *à la*, *à l'*.**

Lou, Noah, Théo et Amina ....

Lou ....

Vous ....

.... / 1,5 point

3 **Écris le nom des professions.**

ⓐ une ....

ⓑ une ....

ⓒ une ....

.... / 1,5 point

4 **Complète avec les noms des bâtiments.**

ⓐ Pierre adore les films, il va au .... une fois par mois.
ⓑ Anna est élève à l'.. Jules Ferry.
ⓒ Je lis des livres à la ....
ⓓ J'aime nager, je vais à la ....

.... / 2 points

5 **Associe les pronoms personnels et les verbes.**

ⓐ je •   • **1.** va
ⓑ tu •   • **2.** allons
ⓒ il •   • **3.** vas
ⓓ nous •   • **4.** vais
ⓔ vous •   • **5.** llez
ⓕ elles •   • **6.** vont

.... / 3 points

6 **Mets les phrases à l'impératif.**

ⓐ Tu tournes à gauche. ....
ⓑ Vous continuez tout droit. ....

.... / 1 point

Total : .... / 10 points

UNITÉ 5 La fête à la maison

LEÇON 1 C'est ma maison !

1 Écris le nom des pièces de la maison.

2 Lis et place le nom des personnes sur le dessin.

ⓐ Mon ami Pierre habite au deuxième étage, à gauche.

ⓑ Monsieur Germo a sa librairie au rez-de-chaussée.

ⓒ Mon cousin Léo habite au premier étage, à droite.

ⓓ Madame Léonard occupe le troisième étage, à droite.

3 Écoute : est-ce que tu entends le son [ʃ] ? Coche la bonne case. (12)

	[ʃ]	~~[ʃ]~~
a.		
b.		
c.		
d.		
e.		
f.		
g.		
h.		

4 **Remplis la grille.**

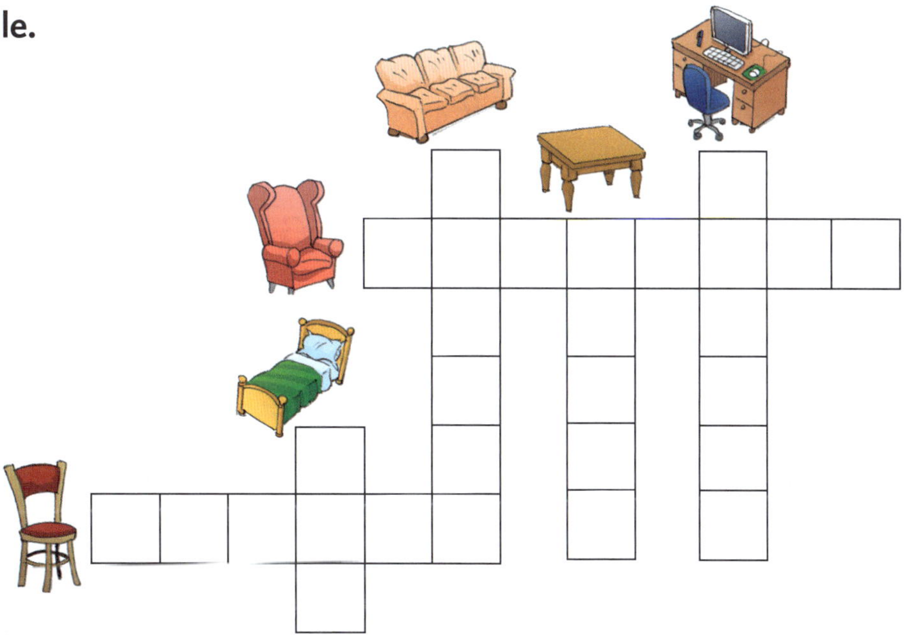

5 **Complète le dialogue avec les verbes *pouvoir* ou *vouloir*.**

ⓐ *Alex :* Salut, tu .... venir à l'anniversaire de Marie ?

ⓑ *Pierre :* Pas de problème, je .... y aller.

ⓒ *Pierre :* Et qu'est-ce qu'elle .... comme cadeau ?

ⓓ *Alex :* Tu .... acheter un CD.

6 **Qui participe à l'anniversaire de Marie ? Écoute et coche la bonne réponse.** 13

	Léo 	Kenza 	Enzo 	Clara 
Participe				
Ne participe pas				

LEÇON 2 On fait une fête !

1 Trouve les mots cachés dans la grille.

A	M	I	S	I	H	D	K	P	J	C	R	V	B	N	C
F	N	S	N	N	N	É	B	B	T	E	M	A	I	R	O
D	K	V	X	V	N	G	O	U	T	E	R	A	M	G	C
Z	I	Q	M	I	I	U	U	Q	E	R	S	Z	I	R	K
T	Z	T	W	T	F	I	G	J	W	R	O	A	F	H	T
A	M	A	J	A	N	S	K	A	R	A	O	K	É	R	A
Z	T	A	Z	T	I	E	E	E	J	H	J	P	H	J	I
I	K	F	I	I	G	M	S	S	W	O	J	J	F	F	L
B	O	N	B	O	N	E	G	N	O	J	F	J	E	U	X
W	F	G	B	N	F	N	S	M	J	K	J	J	T	A	Z
Q	A	J	B	G	N	T	N	W	N	G	A	T	E	A	U

INVITATION
FÊTE
DÉGUISEMENT
COCKTAIL
AMIS
GÂTEAU
BONBON
GOÛTER
JEUX
KARAOKÉ

2 Place les phrases dans le bon ordre sur l'invitation.

Ton amie Julie
Invitation
Mon adresse : 15 avenue des Olives 13004 Marseille
Mon téléphone : 06 34 45 15 87
Lise
Mail : julie@gmail.fr
Merci de confirmer ta présence
Dimanche 25 avril à 16 h 00.

3 Complète avec *un petit peu de, un peu de, beaucoup de.*

ⓐ Il y a .... lait.

ⓑ Il y a .... lait.

ⓒ Il y a .... lait.

Zoom sur les arts plastiques

1 Complète le texte avec les mots proposés.

aime - célèbre - peintre - France - hollandais

Vincent Van Gogh est un .... du XIXe siècle.
Il est .... mais il habite en .... À l'époque, le public n'................................ pas ses tableaux.
Aujourd'hui, Vincent Van Gogh est très ....

2 Écris les noms.

....

....

....

....

La .... de Vincent Van Gogh.

UNITÉ 5 La fête à la maison

LEÇON 3 Où est le cadeau ?

1 Associe les pronoms personnels et les verbes.

je	tu	elle	nous	vous	ils
•	•	•	•	•	•
•	•	•	•	•	•
pouvons	peux	peuvent	peut	peux	pouvez

2 Complète avec les verbes *pouvoir* ou *vouloir*. Conjugue le verbe.

ⓐ Je .... du gâteau.

ⓑ Super, nous .... aller à son anniversaire !

ⓒ Ils .... chanter. Ils vont au karaoké.

ⓓ Est-ce que je .... manger du gâteau ?

ⓔ Tu .... le livre ou le DVD ?

3 Choisis le verre avec la bonne recette du cocktail Bora Bora.

La recette du cocktail Bora Bora

10 cl de jus d'ananas
6 cl de sirop de grenadine
1 cl de jus de citron

1. Beaucoup de jus de citron, un peu de sirop de grenadine, un petit peu de jus d'ananas.

2. Un petit peu de jus de citron, beaucoup de sirop de grenadine, un peu de jus d'ananas.

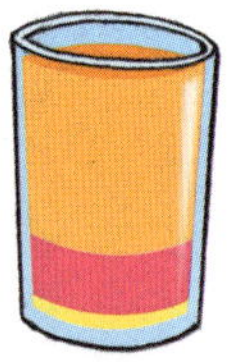

3. Un peu de sirop de grenadine, un tout petit peu jus de citron, beaucoup de jus d'ananas.

4 Complète chaque phrase avec la bonne préposition de lieu.

à côté de - sous - sur - entre - dans

ⓐ Le toit est .... la maison.

ⓑ Le cadeau est .... la boîte.

ⓒ Saucisse dort .... la table.

ⓓ L'école est .... de la bibliothèque.

ⓔ La maison de Lisa est .... la maison de Paul et la maison de Pierre.

Découvertes culturelles

LES ANNIVERSAIRES À TRAVERS LE MONDE

1 **Associe chaque tradition au bon pays.**

ⓐ 

ⓑ 

ⓒ 

ⓓ 

1. 

2. 

3. 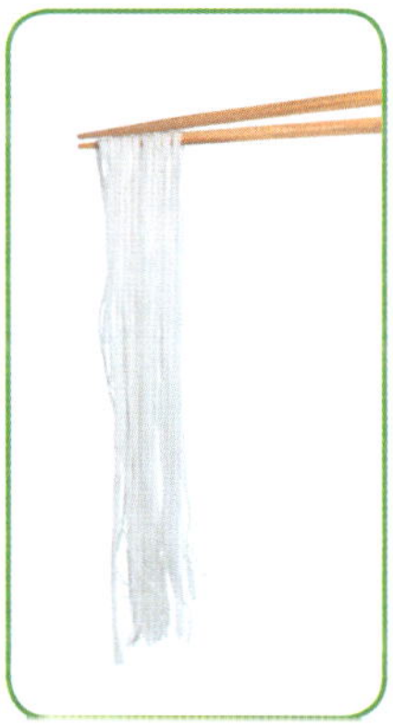

4. 

2 **Relis les textes de la page 55 du livre. Vrai ou faux ? Coche la bonne case.**

	Vrai	Faux
ⓐ Je suis chinois, j'ai 22 ans. Je fais une fête pour mon anniversaire.	❒	❒
ⓑ Dans la piñata, il y a des bonbons.	❒	❒
ⓒ Au Danemark, on plante un drapeau dans le gâteau d'anniversaire.	❒	❒
ⓓ Au Canada, on mange des pâtes avec du beurre pour les anniversaires.	❒	❒
ⓔ En Chine, de longues pâtes sont le symbole d'une longue vie.	❒	❒

Lecture

1 **Lis le texte de la chanson.**

Joyeux anniversaire

Joyeux anniversaire
Heureux anniversaire
Tous nos vœux sont sincères
Pour ton anniversaire
Tes amis aujourd'hui
Se sont tous réunis
Ton bonheur on espère
Pour ton anniversaire

2 **Invente une petite chanson pour l'anniversaire d'une(e) ami(e).**

Tu peux utiliser les mots suivants :

bougies · gâteau · karaoké · fête · invitation · magie · danser · chanter · bonbons · amis · guirlandes · cadeau · confettis · jouer · photos

DELF PRIM A1

COMPRÉHENSION ORALE

1 Écoute et note le numéro du dialogue sous l'image correspondante. (14)

ⓐ 

....

ⓑ 

....

ⓒ 

....

ⓓ 

....

PRODUCTION ORALE

Observe les dessins et invente un dialogue. Joue la scène.

DELF PRIM A1

COMPRÉHENSION DE L'ÉCRIT

Observe l'affiche et réponds aux questions.

ⓐ L'affiche annonce...
❒ **1.** un match de footbball. ❒ **2.** un anniverasire. ❒ **3.** une fête pour les enfants.

ⓑ L'événement a lieu...
❒ **1.** samedi. ❒ **2.** lundi. ❒ **3.** mercredi.

ⓒ Il commence à...
❒ **1.** 16 h 30. ❒ **2.** 15 h 30. ❒ **3.** 14 h 30.

ⓓ Il se déroule...
❒ **1.** au centre commercial. ❒ **2.** à l'école. ❒ **3.** à la maison

ⓔ La participation est...
❒ **1.** gratuite. ❒ **2.** payante.

PRODUCTION ÉCRITE

Tu invites un(e) ami(e) à ton anniversaire. Tu écris un mail d'invitation.

Boîte de réception

Rechercher

....

....

....

1 Regarde et complète.

Des b . . g . . s

Une i . . . t . . . . .

Un c . d . . u

.... / 1,5 point

2 Lis et coche la bonne réponse.

ⓐ – Je t'invite à mon anniversaire, samedi à 17 h 00. (Tu acceptes.)
- – Désolé(e), je ne peux pas, j'ai un cours de musique. ❒
- – Oui, je veux bien. ❒

ⓑ – Tu viens au cinéma ? (Tu refuses.)
- – D'accord, c'est génial. ❒
- – C'est une bonne idée, mais je suis occupé. ❒

ⓒ – On va faire du vélo cet après-midi ? (Tu acceptes.)
- – Génial, c'est une bonne idée. ❒
- – Non merci, je n'aime pas le vélo. ❒

.... / 1,5 point

3 Complète avec la bonne préposition. **sous - dans - sur - entre**

ⓐ .... mon armoire, il y a mes vêtements.

ⓑ Le lait est .... la table de la cuisine.

ⓒ Il habite .... la maison de Théo et d'Amina.

ⓓ Le ballon est .... la voiture de papa.

.... / 2 points

4 Entoure la forme correcte.

ⓐ Tu peux / peut venir à mon anniversaire ?

ⓑ Nous pouvez / pouvons aller au cinéma à 16 heures.

ⓒ Sacha et Élise peuvent / pouvons inviter cinq amis.

ⓓ Je peut / peux avoir du gâteau ?

.... / 2 points

5 Complète avec *beaucoup, un peu, un petit peu.*

ⓐ Ninon a très soif mais il y a .... de jus d'orange dans la bouteille !

ⓑ Max met .... de sucre dans son yaourt. Pas trop !

ⓒ Hugo a très faim. Il mange .... de gâteau.

.... / 1,5 point

6 Choisis la bonne réponse.

Théo va au / à la / chez Noah.

.... / 1,5 point

Total : .... / 10 points

UNITÉ 6 **Mes voyages**

LEÇON 1

Je suis en vacances

1 Remets les phrases dans l'ordre.

ⓐ Noah

ⓑ Grosses bises

ⓒ Murcia, le 13 mars 2019

ⓓ Sébastien LAMI 3, rue du général de Gaulle 13001 Marseille

ⓔ Je suis en Espagne. J'ai un nouveau correspondant, il s'appelle Pedro. Il fait beau et on va à la plage tous les jours. Je rentre dimanche.

ⓕ Salut Sébastien !

2 Observe la photo et entoure les mots pour la décrire.

grand(e), ville, campagne, mer, arbre, pont, rue, chemin,
route, maisons, immeubles, château, hauts, centre commercial,
il pleut, il neige, il fait beau, église, voiture, bateau, nuages,
fleuve, magasins, jardin, toit, moto, bâti ment.

3 Observe et entoure la bonne réponse.

ⓐ – J'adore !
– C'est mauvais.

ⓑ – C'est chouette !
– C'est nul !

ⓒ – J'aime bien.
– Je n'aime pas du tout.

ⓓ – C'est super !
– Je déteste !

4 Lis et complète avec le pays ou la ville.

Dans ma ville,
il y a la tour Eiffel.

J'habite à ....

Dans mon pays,
on aime les spaghettis.

J'habite en ....

Amsterdam est
une ville très touristique.

J'habite aux ....

5 Observe les dessins et écris la nationalité des personnages.

ⓐ Je suis

....

ⓑ Je suis

....

ⓒ Je suis

....

ⓓ Je suis

....

6 Regarde et entoure le bon adjectif.

ⓐ Des baguettes :
français/françaises

ⓑ Une pizza :
italien/italienne

ⓒ Des saucisses :
allemands/allemandes

ⓓ Du ketchup :
américain/américaine

7 Décris une ville ou un pays que tu aimes.

....

....

LEÇON 2 Je découvre le monde

1 Écoute et coche la bonne case. (15)

	français	été	père	nationalité	neige	météo	température	semaine	fête
[ɛ]									
[e]									

2 Mets les lettres dans le bon ordre et retrouve le nom des animaux.

ⓐ LAVEHC : _ _ _ _ _ _
ⓑ CHAVE : _ _ _ _ _
ⓒ OPUEL : _ _ _ _ _
ⓓ NTMOOU : _ _ _ _ _ _
ⓔ CHOCNO : _ _ _ _ _ _
ⓕ IAPNL : _ _ _ _ _ _

3 Animal de la ferme ou animal sauvage ? Écris les noms des animaux dans le bon ensemble.

une girafe - un cheval - un singe - un lion - un éléphant - un mouton - une poule - un tigre - une chèvre

4 Observe les dessins. Quels animaux tu reconnais ?

ⓐ .... + ...

ⓑ .... + ...

ⓒ .... + ...

Zoom sur la géographie

1 **Écris le nom des 6 continents.**

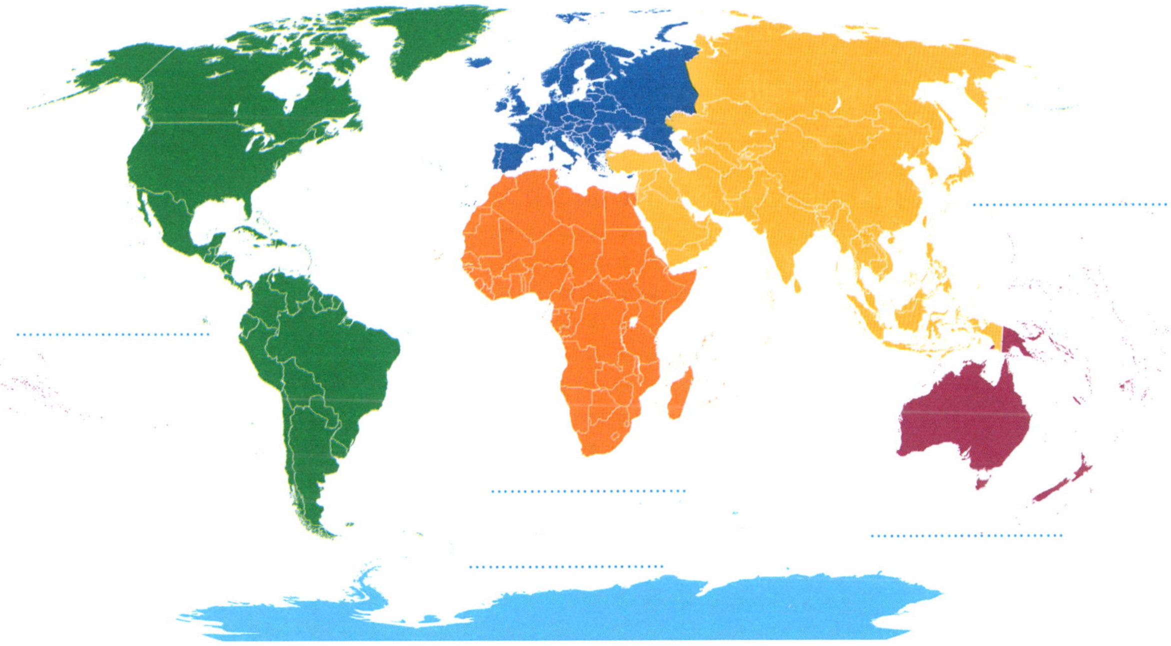

2 **Sur quels continents se trouvent les villes suivantes ?**

ⓐ Madrid : ....

ⓑ New-York : ....

ⓒ Paris : ....

ⓓ Pékin : ....

ⓔ Dakar : ....

ⓕ Sydney : ....

ⓖ Montréal : ....

ⓗ Abidjan : ....

ⓘ Mexico : ....

ⓙ Tokyo : ....

3 **Où habitent-ils ? Complète les phrases avec les noms des animaux et des continents.**

ⓐ Le  .... habite en ....

ⓑ Le  .... habite en ....

ⓒ Le  .... habite en ....

ⓓ Le  .... habite en ....

ⓔ Le  .... habite en ....

LEÇON 3

Des œufs sur la plage

1 Complète avec la bonne préposition : *à*, *au*, *aux*, *en*.

ⓐ Je suis .... Nice pour les vacances

ⓑ Élisabeth est .... France : elle apprend le français.

ⓒ Je suis .... États-Unis : je veux visiter New-York.

ⓓ Nous sommes .... Belgique avec notre correspondant.

ⓔ Vous êtes .... Nantes pour les vacances ?

ⓕ Je suis .... Portugal avec mes parents.

2 Complète les phrases avec le verbe *venir* + *de*, *d'*, *de l'*, *du*.

ⓐ Nous .... zoo de Vincennes.

ⓑ Ils .... Afrique.

ⓒ Je .... chez ma grand-mère.

ⓓ Vous .... Italie ?

ⓔ Tu .... école ?

ⓕ Ianis .... Grèce.

3 Complète le tableau.

Pays	Masculin	Féminin
....	Un Belge	Une ....
....	Un	Une Française
Espagne	Un	Une ....
....	Un	Une Canadienne
Brésil	Un	Une ....

4 Quel temps il fait ? Utilise la forme impersonnelle.

ⓐ ....

ⓑ ....

ⓒ ....

ⓓ ....

Découvertes culturelles

VACANCES FRANCOPHONES

1 Relis les textes de la page 65 du livre et réponds aux questions.

ⓐ Dans quel pays Enzo est en vacances ? ....

ⓑ Quelle langue on parle à Madagascar ? ....

ⓒ Comment s'appelle l'amie de Clara ? ....

ⓓ Dans quels pays il y a la mer ? ....

❐ **1.** Maroc ❐ **2.** Madagascar ❐ **3.** Suisse

ⓔ Léo fait une promenade sur le dos de quel animal ? ....

ⓕ Dans quel pays habite Rivolala ? ....

ⓖ Où habite la grand-mère de Kenza ? ....

2 Écris le nom du pays sous les photos.

ⓐ ....

ⓑ ....

ⓒ ....

3 Tu es en vacances, tu écris une carte postale à un(e) ami(e). N'oublie pas l'adresse !

....

....

....

....

....

....

....

....

....

....

Lecture

CLASSE VERTE

PROGRAMME DE LA CLASSE NATURE (du 20 mars au 25 mars)

20 mars
Matin
Installation à la ferme de la Hulotte.
Pique-nique.
Après-midi
Présentation de l'équipe d'animateurs et jeux d'équipe.

21 mars
Matin
Visite d'une ruche.
Après-midi
Activité : les fleurs et les abeilles.

22 mars
Matin
Grand jeu : le jardin des plantes sauvages.
Après-midi
Activités artistiques.

23 mars
Matin
Découverte de la rivière.
Après-midi
Randonnée à cheval.

25 mars
Matin
Rallye : Ne perdez pas le Nord.
Après-midi
Jeux d'équipes.
Retour en train.

Lis et coche la bonne réponse.

ⓐ Tu vas en classe verte : ❒ **1.** avec ta famille. ❒ **2.** avec ta classe.

ⓑ Vous dormez : ❒ **1.** dans une ferme. ❒ **2.** dans un château.

ⓒ Vous voyagez : ❒ **1.** en train. ❒ **2.** en avion.

ⓓ Vous découvrez : ❒ **1.** la montagne. ❒ **2.** la campagne.

Dessin animé

THÉO ET L'ÎLE DE LA RÉUNION

Regarde le dessin animé et réponds aux questions.

ⓐ Comment s'appelle la correspondante de Théo ?

C'est ....

ⓑ Comment s'appelle la capitale de l'île de la Réunion ?

....

ⓒ L'île de la Réunion est une île...

❒ **1.** belge. ❒ **2.** allemande. ❒ **3.** française.

ⓓ Le matin Sophie se lève à quelle heure ?

....

ⓔ Quels jours Sophie va à l'école ? Coche les bonnes cases.

❒ **1.** lundi ❒ **2.** mardi ❒ **3.** mercredi ❒ **4.** jeudi ❒ **5.** vendredi
❒ **6.** samedi ❒ **7.** dimanche

ⓕ Est-ce que Sophie mange à la cantine ?

❒ **1.** oui ❒ **2.** non

ⓖ Quelles sont les activités de Sophie ?

....

ⓗ Que fait Sophie le week-end ?

....

ⓘ Comment s'appelle le volcan de l'île de la Réunion ?

....

DELF PRIM A1

COMPRÉHENSION ORALE

1 Écoute et associe chaque dialogue à une image. (16)

1.

❒ ⓐ 

❒ ⓑ 

❒ ⓒ 

2.

❒ ⓐ 

❒ ⓑ 

❒ ⓒ 

3.

❒ ⓐ

❒ ⓑ

❒ ⓒ

4.

❒ ⓐ 

❒ ⓑ 

❒ ⓒ 

PRODUCTION ORALE

Tu téléphones à tes grands-parents. Tu racontes ta visite au zoo. Tu nommes et tu décris les animaux. Tu dis d'où ils viennent.

DELF PRIM A1

COMPRÉHENSION DE L'ÉCRIT

Lis le courriel de Raphaël et réponds aux questions.

Boîte de réception

Rechercher

Salut Pierre,
Je suis à Murcie avec Emma et Chloé. La ville est grande et il y a de grands parcs. Ils sont très beaux. Le séjour est génial et je m'amuse bien. Aujourd'hui, il y a deux ateliers. On peut choisir entre karaoké et théâtre. C'est pas mal mais moi, je préfère du sport. Mon correspondant n'est pas espagnol il est marocain. Sa famille est sympa. Il a un frère et deux sœurs.
Je rentre à Marseille vendredi. Samedi, on va au cinéma ?
À bientôt.
Raphaël

ⓐ Raphaël écrit à qui ? ....

ⓑ Où est Raphaël ? ....

ⓒ Comment Raphaël présente la ville ? ....

ⓓ Quelles sont les activités proposées ? ....

ⓔ Qu'est-ce que préfère Raphaël ? ....

ⓕ Quelle est la nationalité du correspondant de Raphaël ? ....

ⓖ Combien de sœurs a le correspondant de Raphaël ? ....

ⓗ Quel jour Raphaël rentre à Marseille ? ....

ⓘ Qu'est-ce que propose Raphaël à son ami ? ....

COMPRÉHENSION DE L'ÉCRIT

Tu es chez ton/ta correspondant(e) à l'étranger. Tu écris un courriel à un(e) ami(e). Tu décris la ville, les activités et la famille.

Boîte de réception

Rechercher

....

....

....

ÉVALUATION

1 Remets les lettres dans l'ordre.

1. capengma **2.** metongna **3.** rem **4.** levli

....

.... / 2 points

2 Fais des phrases.

Elle •	• vas •	• au •	• Allemagne
Tu •	• allons •	• en •	• États-Unis
Nous •	• allez •	• aux •	• Portugal
Vous •	• va •		• Belgique

.... / 2 points

3 Quelle est leur nationalité ?

Ils sont				
Elle est				

.... / 2 points

4 Relie les morceaux de puzzle.

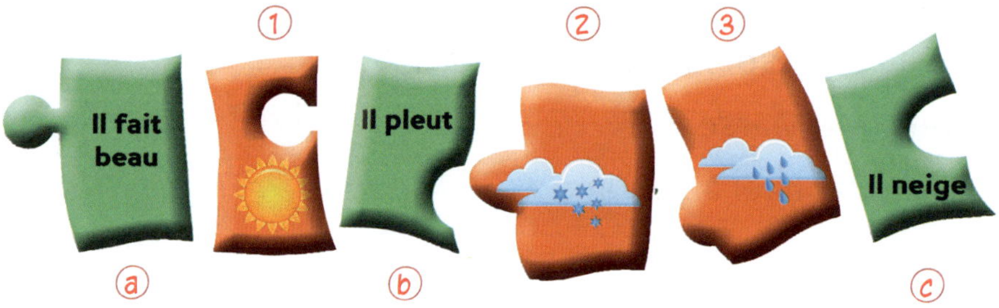

.... / 1,5 point

5 Complète la grille de mots croisés avec les noms des animaux.

.... / 2,5 points

Total : .... / 10 points

Lexique et Carte de France

Unité 1

les activités quotidiennes : ....

se lever

....

se laver

....

se brosser les dents

....

s'habiller

....

se coucher

....

les moments de la journée :

le matin : ....

l'après-midi : ....

le soir : ....

le personnel de l'école : ....

une directrice

....

une maîtresse

....

un cuisinier

....

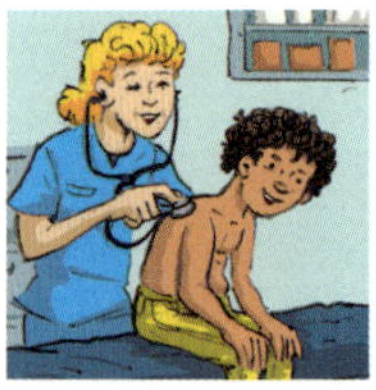

une infirmière

....

un bibliothécaire

....

les lieux de l'école : ....

une bibliothèque

....

une cour de récréation

....

une cantine

....

un gymnase

....

Unité 2

les sports :

l'athlétisme

le basket

la danse

l'escrime

le football

la gymnastique

le judo

la natation

le roller

le tennis

les instruments de musique

une batterie

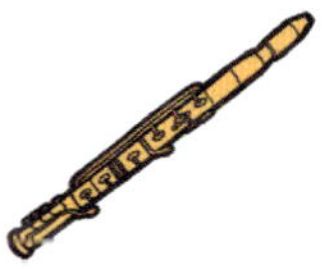
une flûte

une guitare

un piano

une trompette

un violon

les activités de loisirs :

le dessin

les échecsn

un jeu de cartes

un jeu vidéo

Unité 3

les commerces :

une boulangerie

une librairie

un magasin d'articles de sports

un magasin de jouets

un magasin de vêtements

les formules de politesse :

S'il vous plaît :

Combien ça coûte ? :

Ça coûte... :

Vous désirez :

Je voudrais... :

Unité 4

les lieux de la ville :

un arrêt de bus

un cinéma

une école

une gare

les lieux de l'école :

un hôpital

un jardin

une piscine

un stade

les moyens de transports :

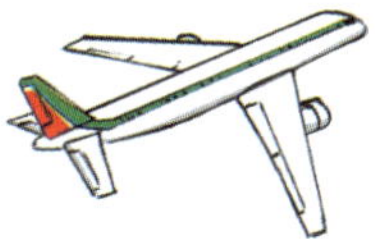

un avion

un bus

une moto

un train

un vélo

une voiture

Les directions :

à gauche

à droite

tout droit

les professions :

un(e) boulanger/ère

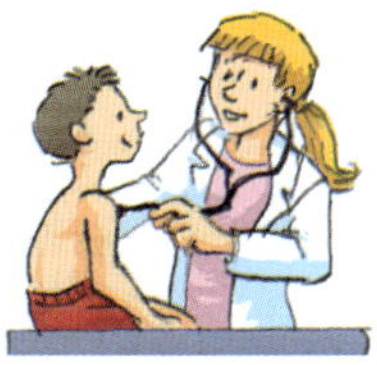

un(e) docteur(e)

un(e) footballeur/euse

un(e) pilote

les lieux de l'école :

un(e) policier/ière

un(e) professeur(e)

un(e) vendeur/euse

un(e) vétérinaire

Unité 5

la quantité : ....

beaucoup de : ....
un peu de : ....
un petit peu de : ....

accepter : ....
D'accord ! : ....
Oui, je veux bien. : ....
Oui, bonne idée ! ....

refuser : ....
Désolée, je ne peux pas. : ....
Non, je suis occupé(e). : ....
Non, je n'aime pas ça. : ....

les pièces de la maison : ....

une chambre ....

une cuisine ....

une salle à manger ....

une salle de bain ....

un salon ....

les meubles : ....

un bureau ....

un canapé ....

une chaise ....

un fauteuil ....

un lit ....

une table ....

la localisation :

devant

derrière

sur

sous

entre

dans

à côté de

à droite

à gauche de

Unité 6

Donner ses impressions :
J'adore. :
C'est excellent. :
C'est super ! :
C'est chouette ! :
J'aime bien. :
Ça me plaît. :
C'est pas mal. :
Je déteste. :
Je n'aime pas du tout. :
C'est nul. :
Ça ne me plaît pas. :
C'est mauvais. :
J'ai horreur de ça. :

LEXIQUE

les pays et les nationalités :

Belgique	Brésil	Canada	Espagne	États-Unis	France
un Belge	un Brésilien	un Canadien	un Espagnol	un Américain	un Français
une Belge	une Brésilienne	une Canadienne	une Espagnole	une Américaine	une Française

les paysages :

la mer	la campagne	la forêt	la montagne

les animaux :

un mouton	un loup	un perroquet	un crocodile	un éléphant	une girafe

un kangourou	un lama	un lion	un ours	une tortue	un panda

un pingouin	un singe	un tigre	un zèbre	un taureau	

La France physique et touristique

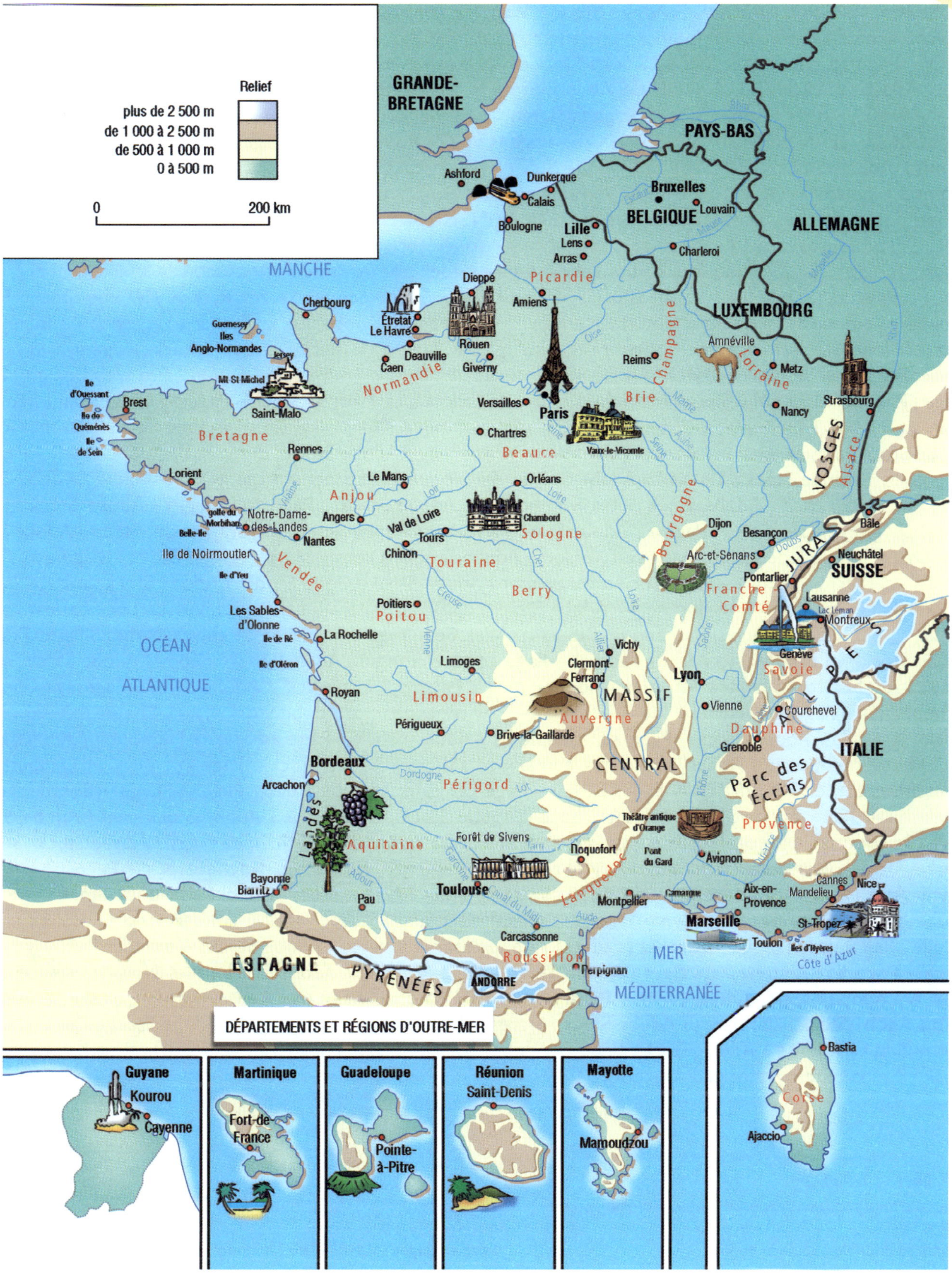

Crédits photos
(de gauche à droite et de haut en bas)

page 6 : schulzfoto / Adobe Stock – **page 5 :** pixarno / Adobe Stock ; sveta ; atsurkan / Adobe Stock stock.adobe.com – **Page 6 :** nastazia / Adobe Stock – **Page 7 :** Fotofreundin / Adobe Stock ; Maridav / Adobe Stock ; WavebreakmediaMicro / Adobe Stock ; pressmaster / Adobe Stock – **Page 9 :** martanfoto / Fotolia ; Rido / Adobe Stock – **Page 10 :** Alexander Raths / Adobe Stock ; Nattakorn / Adobe Stock ; nys / Adobe Stock ; pololia / Adobe Stock – **Page 11 :** LIGHTFIELD STUDIOS / Adobe Stock ; C:Ben Schonewille / Adobe Stock ; WavebreakMediaMicro / Adobe Stock ; kriss75 / Adobe Stock – **Page 12 :** leremy / adobe Stock ; cherstva / Adobe Stock – **Page 13 :** jennyb79 / Adobe Stock ; JEAN PICARD/VSD/SIPA (X 3) – **Page 15 :** EVZ/ Adobe Stock – **Page 17 :** mattiagenini / Adobe Stock ; samrit / Adobe Stock ; mattiagenini / Adobe Stock ; wavebreak3 / Adobe Stock – **Page 18 :** OLJensa / Fotolia ; corepics / Fotolia – **Page 20 :** Dmitry Vereshchagin / Fotolia ; Gabriel Blaj / Fotolia ; nahariyani100 / Fotolia ; SuriyaPhoto / Fotolia ; Venusangel / Fotolia ; ILYA AKINSHIN / Fotolia – **Page 21 :** aleph como ; gdvcom / Adobe Stock ; EstudioSaavedra / Adobe Stock ; seen0001 / Adobe Stock ; Tiler84 / Adobe Stock ; ValentinValkov / Adobe Stock ; molotok289 / Adobe Stock ; borisblik / Adobe Stock ; Marc Chapelat / Adobe Stock ; elenabsl / Adobe Stock – **Page 23 :** freshidea / Adobe Stock ; Africa Studio / Adobe Stock ; Sergey Ryzhov / Adobe Stock ; Pontus Edenberg / Adobe Stock ; Sergey Novikov (serrnovik) ripicts.com / Adobe Stock ; Tatsiana Yatsevich / Adobe Stock ; lil_22/ Adobe Stock – **Page 25 :** Contentra technologies – **Page 27 :** Tiler84 / Adobe Stock ; Evgeniya M / Adobe Stock ; Bbbastien Fotolia ; nikkytok/ Adobe Stock – **Page 28 :** Ljupco Smokovski / Fotolia ; Pro Web Design / Adobe Stock ; Piktoworld / Adobe Stock ; martialred / Adobe Stock ; lil_22 / Adobe Stock – **Page 29 :** Regormark / Fotolia – **Page 30 :** Iakov Filimonov / Adobe Stock ; Copyright: Dmitry Kalinovsky, 2011 / Adobe Stock ; Drobot Dean / Adobe Stock ; Sergey Ryzhov / Adobe Stock ; Vitaly Krivosheev / Adobe Stock ; dred2010 / Adobe Stock – **Page 34 :** amenic181 / Adobe Stock ; Tim UR / Adobe Stock ; rh2010 / Adobe Stock – **Page 35 :** krowtraerc / Adobe Stock– **Page 36 :** New Africa / Adobe Stock ; Jitka Svetnickova / Adobe Stock – **Page 39 :** onigiri / Adobe Stock ; Dmitry Vereshchagin / Adobe Stock ; Pagina / Adobe Stock ; wabeno / Adobe Stock ; Sandra van der Steen / Adobe Stock ; Nikolay Levitskiy / Adobe Stock ; Robert Wilson / Adobe Stock ; Oleksiy Mark / Adobe Stock – **Page 40 :** Cla78 / Fotolia ; demachy / Fotolia – **Page 41 :** lembergvector / Adobe Stock ; Good Studio / Adobe Stock ; robu_s / Adobe Stock – **Page 42 :** 2008 Ron Sumners / Adobe Stock ; © BIS / Ph. Jeanbor © Archives Larbor ; barlest / Adobe Stock ; © Ph. Coll. Archives Nathan ; © BIS / Ph. Atjet Coll. Yvan Christ Coll. Archives Larbor ; FerrezFrames / Adobe Stock ; © BIS / Ph. © Archives Larbor – **Page 44 :** Lotharingia / Adobe Stock ; Beboy / Adobe Stock ; andrii_lutsyk / Adobe Stock ; Ulyana Athitakis / Adobe Stock – **Page 45 :** lesniewski / Adobe Stock –**Page 47 :** Contentra technologies – **Page 47 :** Rawpixel Ltd. / Adobe Stock ; www.jaspe.info/ Adobe Stock ; Jacek Chabraszewski / Adobe Stock ; jcg_oida / Adobe Stock – **Page 48 :** clenpiesnf / Adobe Stock – **Page 49 :** Iakov Filimonov / Adobe Stock ; K&E Photography 2012 / Adobe Stock ; WavebreakmediaMicro / Adobe Stock – **Page 53 :** BIS / Ph. Hubert Josse © Archives Larbor ; © BIS / © Archives Larbor – **Page 54 :** kulyk / Adobe Stock – **Page 55 :** EvgeniyBobrow / Adobe Stock ; Brad Pict / Adobe Stock ; Michael Flippo / Adobe Stock ; cloud7days / Adobe Stock ; akf / Adobe Stock – **Page 56 :** spotmatikphoto / Fotolia – **Page 57 :** Rawpixel Ltd. / Adobe Stock ; Melinda Nagy / Adobe Stock ; koal_a / Adobe Stock ; WavebreakMediaMicro / Adobe Stock – **Page 58 :** kankhem / Adobe Stock – **Page 60 :** Frédéric Prochasson / Fotolia ; Andrey Kuzmin / Adobe Stock ; pololia / Adobe Stock ; ARochau / Adobe Stock ; iuricazac / Adobe Stock – **Page 61 :** SerrNovik / Fotolia ; Stockphoto-graf / Fotolia ; Jacek Chabraszewski / Fotolia ; Natika / Fotolia ; Ralf Beier / Fotolia – **Page 62 :** 23mg23 / Adobe Stock ; tcheres / Adobe Stock ; Alexander Pokusay / Adobe Stock – **Page 63 :** Andrew Paul Deer / Adobe Stock – **Page 65 :** Efel / Adobe Stock ; Aleš Nowák / Adobe Stock ; KENTA / Adobe Stock / Adobe Stock – **Page 66 :** Natis / Fotolia– **Page 67 :** Contentra technologies – **Page 68 :** ArTo / Adobe Stock ; chino4173 / Adobe Stock ; Maresol / Adobe Stock ; sldesign1 / Adobe Stock ; David J. Engel / Adobe Stock ; Mapics / Adobe Stock ; Beboy / Adobe Stock ; V. Yakobchuk / Adobe Stock ; Iakov Kalinin / Adobe Stock ; Kudos Studio – stock.adobe.com

N° éditeur : 10298022
Achevé d'imprimer en Janvier 2024 par Rotolito S.p.a

Directrice éditoriale : Béatrice Rego
Édition : Virginie Poitrasson
Conception maquette intérieure : Griselda Agnesi
Conception et réalisation couverture : Dagmar Stahringer

Mise en pages : Valérie Klein (Domino)
Illustrations : Oscar Fernández
Enregistrements : Lumiiq
Vidéo : BAZ

ISBN : 978-20-903-5809-4